AF299748

RÉGIME

DES

BOUILLEURS DE CRU

TEXTE

DE LA LOI DU 28 FÉVRIER 1923

ET INTERPRÉTATIONS RÉSUMÉES

OFFERT

par

DEROY FILS AÎNÉ

Registre du Commerce Paris n° 70628.

RÉGIME

DES

BOUILLEURS DE CRU

Loi du 28 Février 1923

BIBLIOTHÈQUE NATIONALE R.F. ESTAMPES

GUIDE PRATIQUE

DU BOUILLEUR ET DU DISTILLATEUR

D'EAUX-DE-VIE

ET TARIF ILLUSTRÉ

D'ALAMBICS

ET

APPAREILS DE DISTILLATION

envoyés GRATIS et FRANCO

PAR

DEROY FILS AÎNÉ

CONSTRUCTEUR

71, 73, 75, 77, Rue du Théâtre

PARIS (XVe)

RÉGIME DES BOUILLEURS DE CRU

LOI DU 28 FÉVRIER 1923

Afin de mettre nos Clients à même de bien se rendre compte des obligations de la nouvelle loi entrée en vigueur le 1ᵉʳ août 1923, je crois leur être utile en leur rappelant le texte de la loi, suivi d'instructions résumées et des annexes administratives dans l'ordre suivant :

ANNEXE Nᵒ 2. — **Bouilleurs de cru distillant eux-mêmes à domicile.**

ANNEXE Nᵒ 3. — **Récoltants Bouilleurs de cru faisant distiller à leur domicile par un Bouilleur ambulant.**

ANNEXE Nᵒ 4. — **Bouilleurs de cru distillant eux-mêmes dans un atelier public.**

ANNEXE Nᵒ 5. — **Bouilleurs de cru faisant distiller dans un atelier public par un Bouilleur professionnel ou ambulant.**

ANNEXE Nᵒ 6. — **Bouilleurs de cru faisant distiller dans une Distillerie coopérative ou syndicale.**

RÉGIME DES BOUILLEURS DE CRU

Loi du 28 Février 1923.

TEXTE DE LA LOI

ARTICLE PREMIER. — Sont prorogées jusqu'au 31 juillet 1923, les dispositions des paragraphes 7, 8 et 9 de l'article 13 de la loi du 31 décembre 1920, complétées par le deuxième paragraphe de l'article 15 de la loi du 30 juin 1922.

ART. 2. — A partir du 1er août 1923, les distillations de vins, cidres, poirés, marcs, lies et fruits frais seront opérées : 1° en atelier public, conformément à l'article 12 de la loi du 22 avril 1905 ; 2° par des associations coopératives fonctionnant dans les conditions de l'article 22 de la loi du 31 mars 1903 ; 3° à domicile.

Les quantités produites seront intégralement passibles de l'impôt, sous réserve des déductions accordées aux entrepositaires. Il en sera de même pour les stocks possédés par les bouilleurs de cru qui distilleront chez eux et qui produiront plus de 50 litres d'alcool pur au cours de la campagne, à moins que les bouilleurs ne justifient que ces stocks sont déjà libérés des droits.

Les récoltants qui voudraient acquitter l'impôt immédiatement après la distillation bénéficieront d'une remise de 10 p. 100. Les bouilleurs de cru et les associations coopératives ne sont pas soumis à l'impôt de la licence.

Les bouilleurs de cru ne produisant pas plus de 50 litres d'alcool pur au cours de la campagne et qui distilleront dans un local n'ayant aucune communication intérieure avec les locaux d'habitation seront dispensés de la déclaration des stocks existants dans ces derniers locaux.

Dans ce cas, le contrôle de la Régie ne pourra s'exercer que dans le local où s'effectuera la distillation.

En ce qui concerne les bouilleurs de cru distillant dans les locaux en communication intérieure avec l'habitation, le contrôle ne peut s'effectuer en dehors des distillations qu'au moment de l'inventaire et du récolement, s'il y a lieu.

Les distillations dans les ateliers publics ainsi que chez les bouilleurs ne pourront être effectuées que pendant les périodes fixées par le juge de paix du canton de chaque circonscription d'exercice, sur proposition des maires des communes intéressées et des syndicats agricoles et de bouilleurs de cru, après avis du chef local des Contributions indirectes.

Les distillations à domicile ne pourront s'effectuer que pendant les périodes où fonctionnent les ateliers publics de la commune.

Cette fixation devra être faite de façon à ce que, dans une même circonscription d'exercice, les opérations de distillation n'aient lieu à la fois que dans deux communes limitrophes ou dans un plus grand nombre de communes limitrophes, lorsque l'ensemble de leur population ne dépassera pas 2.000 habitants.

Il sera ouvert au moins un atelier public par commune ou hameau, sur la demande des conseils municipaux ou des syndicats agricoles et de bouilleurs.

Art. 3. — Le tarif de l'allocation en franchise de 10 litres d'alcool pur est accordé à tous les propriétaires, fermiers, métayers, vignerons distillant ou faisant distiller tout ou partie des produits de leur récolte, tels que ceux-ci sont définis par la loi du 31 mars 1903, y compris les débitants de boissons hygiéniques.

En cas de métayage, la franchise des 10 litres d'alcool pur appartient au métayer qui aura la faculté d'en rétrocéder une partie à son propriétaire, conformément aux usages ruraux en vigueur dans la région, sous réserve que la totalité des quantités dont celui-ci bénéficiera en franchise et provenant soit d'un faire-valoir personnel, soit de domaines exploités à colonies partiaires, ne dépassera jamais 10 litres.

Art. 4. — Un décret spécial fixera les conditions dans lesquelles la présente loi sera applicable en Alsace et en Lorraine.

Art. 5. — Les contraventions aux dispositions des articles précédents seront punies des peines édictées par les articles 26 de la loi du 31 mars 1903 et 19 de celle du 31 janvier 1907.

INDICATIONS RELATIVES
au Régime des Bouilleurs de cru.

Il importe pour une meilleure compréhension de la loi et des règlements, de ne pas confondre, comme on le fait trop souvent, l'appellation de Bouilleur de cru et celle de Bouilleur ambulant.

Le **Bouilleur de cru est le récoltant** (propriétaire, locataire, fermier ou métayer) qui distille ou fait distiller, soit chez lui, chez un voisin ou dans un atelier public, les vins, marcs, piquettes, lies, cidres, poires, prunes, prunelles et cerises, provenant exclusivement de sa propre récolte.

Le **Bouilleur ambulant** (que la loi désigne aussi parfois sous le nom de loueur d'alambic ambulant) est celui qui, soit à domicile d'autrui, soit en atelier public, distille à façon. C'est à tort que dans la plupart des campagnes on a pris l'habitude de l'appeler Bouilleur de cru.

INSTRUCTIONS GÉNÉRALES
relatives à la loi du 28 février 1923.

La loi de 1916 avait subordonné la faculté de distiller les alcools, dans les groupements coopératifs, au domicile des bouilleurs de profession ou des bouilleurs de cru, à la prise en charge d'une quantité minimum de 200 litres d'alcool pur, par campagne de distillation, avec reprise — pour être soumis à l'impôt, au même titre que l'alcool produit — des stocks de fabrication antérieure possédés par les bouilleurs de cru ayant distillé chez eux.

Au-dessous de cette quantité, les distillations devaient être obligatoirement effectuées à l'atelier public, les récoltants étant alors dispensés, à leur domicile, des interventions du fisc et de la reprise de leurs stocks.

En vertu de la loi du 28 février 1923, applicable à partir du 1er août, toute limitation est supprimée et la distillation des alcools naturels peut s'opérer en toutes quantités, au gré des intéressés, soit au domicile des bouilleurs de cru ou des bouilleurs de profession, soit dans les ateliers publics ou dans ceux des associations coopératives ou syndicales.

Dans la loi nouvelle, l'article 2, en ce qui concerne les stocks des récoltants, fait une distinction entre les bouilleurs distillant plus de 50 litres d'alcool pur (soit 100 litres d'eau-de-vie à 50 degrés ou l'équivalent) et ceux qui ont une production inférieure.

Les bouilleurs de cru distillant plus de 50 litres d'alcool pur sont soumis à la déclaration et à l'imposition de leur stock antérieur ; les bouilleurs de cru qui distillent moins de 50 litres d'alcool pur en sont exemptés, à moins que la distillation n'ait lieu dans un local communiquant intérieurement avec l'habitation, mais cette déclaration destinée simplement à faciliter le contrôle ne donne pas lieu à l'imposition du stock ancien.

La nouvelle loi précise les limites dans lesquelles s'exercera à domicile le contrôle du service.

Ce sont les juges de paix qui, sur proposition des maires des communes intéressées et des syndicats agricoles et de bouilleurs, et après avis du chef local des Contributions indirectes, ont le soin de fixer les périodes pendant lesquelles pourront avoir lieu les opérations de distillation effectuées à domicile ou à l'atelier public.

L'article 3 spécifie que l'allocation en franchise de 10 litres d'alcool pur (20 litres d'eau-de-vie à 50 degrés ou l'équivalent) à titre de consommation familiale, est étendue à tous les récoltants, y compris ceux qui sont débitants de boissons hygiéniques.

BOUILLEURS DE CRU

Les petits bouilleurs dont la production ne dépasse pas 50 litres d'alcool pur (100 litres d'eau-de-vie à 50 degrés ou l'équivalent suivant le degré) sont dispensés de la déclaration du minimum de rendement, étant entendu toutefois que les quantités d'alcool fabriquées à domicile ou à l'atelier public seront exactement déclarées. Loin de manifester des exigences excessives, l'Administration demande au service de faire montre de réserve, d'aplanir les difficultés, de prévenir les froissements et de s'attacher, au contraire, à guider les récoltants dans l'accomplissemen de leurs obligations. De telle sorte que les agents de l'Administration, ayant toutes les instructions utiles, pourront exercer leur contrôle, et que les producteurs seront mis à même de connaître leurs obligations selon qu'il s'agit de bouilleurs de cru :

1° Distillant à domicile avec un alambic leur appartenant ou un alambic de louage ;

2° Faisant distiller chez eux avec l'appareil d'un loueur ambulant ;

3° Distillant eux-mêmes à l'atelier public ;

4° Faisant distiller dans ledit atelier par un professionnel (bouilleur de profession ou loueur d'alambic ambulant) ;

5° Réunis en association coopérative ou syndicale, faisant distiller leurs produits à la brûlerie de la société.

Toutes les instructions relatives à ces divers cas sont données dans les « Annexes » qui vont suivre.

Les périodes de distillation fixées par le juge de paix permettront d'assurer la distillation des diverses matières qui, en raison de leur nature, doivent être passées à l'alambic à des époques différentes.

Dans les contrées où la distillation à l'atelier public est de pratique courante, les périodes, pour chaque commune ou chaque groupe de communes, seront plus longues et par conséquent moins nombreuses que dans les régions où la distillation se fait plutôt à domicile. Là, les périodes peuvent être plus courtes et plus fréquentes.

Le juge de paix fixe, en dernier ressort, à la date la plus rapprochée du 1er août, le programme des distillations pour toute la campagne (du 1er août au 31 juillet suivant). Il adresse un exemplaire de ce programme : d'une part, aux maires des communes intéressées, lesquels doivent le porter à la connaissance de leurs administrés, et d'autre part, au chef du service de la Régie.

Pour les bouilleurs dont les opérations revêtent un caractère industriel, — et l'Administration estime qu'il en est ainsi lorsque la production atteint 200 litres d'alcool pur, — des périodes sont fixées d'une durée plus étendue que pour les bouilleurs ordinaires. En ce qui concerne ces bouilleurs, on peut même admettre que leurs distillations puissent se faire simultanément dans plus de deux communes, même non limitrophes.

Les distillations ayant lieu dans les brûleries coopératives ou syndicales, peuvent s'effectuer en dehors des périodes ordinaires de distillation et sans limitation de durée.

Les récoltants qui opèrent à domicile, c'est-à-dire ailleurs que dans un atelier public ou une brûlerie coopérative ou syndicale, et qui produisent *plus de 50 litres* d'alcool pur, sont tenus de déclarer les stocks en leur possession.

Ceux qui distillent à l'atelier public, dans une brûlerie coopérative ou syndicale, n'ont pas à faire connaître les stocks en leur possession, quelle que soit l'importance de leurs opérations.

Sont dispensés également de la déclaration de leurs stocks, les récoltants ne produisant pas plus de 50 litres d'alcool pur et qui distillent à domicile dans des locaux séparés par la voie publique de ceux où se trouvent les stocks.

Les récoltants peuvent utiliser pour la distillation de leurs produits l'installation et le matériel d'un voisin ; la distillation, dans ce cas, peut être individuelle ou collective, car rien ne s'oppose à ce que plusieurs propriétaires se réunissent au domicile de l'un d'eux, effectuent le travail en commun et mélangent même les matières premières ; l'alcool obtenu est dans ce cas réparti au prorata des apports. Les locaux ne soht pas pour cela considérés comme un atelier public et leur propriétaire n'est pas assujetti à la licence. Ces opérations rentrent dans la catégorie de celles dites à domicile et elles ne sont soumises qu'à la réglementation prévue pour de telles distillations.

Le bouilleur de cru qui choisit d'aller chez un voisin est tenu de faire une déclaration de mise en distillation et de transporter, sous le lien d'un titre de mouvement (coût 0 fr. 10), les matières premières ainsi que les alcools obtenus.

L'Administration recommande expressément, et cela dans l'intérêt même du Trésor, de ne pas soumettre les bouilleurs à des formalités gênantes et sans utilité démontrée. Les facilités les plus larges peuvent leur être accordées quand elles sont compatibles avec le respect de la loi.

BOUILLEURS DE CRU DISTILLANT
DANS UN LOCAL
EN COMMUNICATION INTÉRIEURE AVEC L'HABITATION

La communication intérieure existe lorsqu'une porte ou des fenêtres sur la cour peuvent livrer accès à l'intérieur de l'habitation. Cette communication n'existe pas lorsque portes et fenêtres donnent sur la voie publique.

Les agents de la Régie doivent limiter leur action aux investigations strictement nécessaires : en particulier si, d'après la dimension de l'alambic, la durée de la distillation, le volume et la nature des matières premières mises en œuvre, ils se rendent compte que la quantité d'alcool correspond à celle qui devait être obtenue, ils peuvent s'abstenir de toute intervention dans la maison d'habitation.

Lorsque la distillation a lieu hors du local où doivent être emmagasinées les eaux-de-vie, le transport de celles-ci ne peut être effectué que sous le lien d'un titre de mouvement, c'est-à-dire d'un simple laissez-passer pris chez le receveur buraliste (coût 0 fr. 10).

Des bureaux auxiliaires de déclaration seront établis dans les débits de tabac et les mairies lorsque la recette buraliste sera trop éloignée du centre des distillations.

ATELIERS PUBLICS

Les bouilleurs de cru qui ne voudraient pas avoir à déclarer le stock d'eau-de-vie qu'ils possèdent et qui ne seraient pas en mesure de distiller autrement que dans l'intérieur de leur maison d'habitation — ou bien dans un local ou une cour ayant communication intérieure avec cette habitation — pourront, comme antérieurement, aller dans un atelier public pour y distiller eux-mêmes avec leur alambic ou un appareil de louage, ou pour y faire distiller, par un bouilleur ambulant, les vins, cidres, poirés, marcs, lies, prunes, prunelles et cerises de leur récolte, quelle qu'en soit la quantité.

Les ateliers publics de distillation, institués par l'article 12 de la loi du 12 avril 1905, sont des emplacements ou locaux, couverts ou non, clos ou non, — soit une place publique, une cour publique, un hangar privé ou communal facilement accessible (à l'exception des préaux d'écoles).

Il peut y avoir dans chaque commune un ou plusieurs ateliers de distillation. Les emplacements sont fixés par les directeurs des Contributions indirectes des départements, après avis des conseils municipaux. Il doit y en avoir un au moins dans l'agglomération communale et, au besoin, un autre à proximité de chaque hameau ou groupe de maisons à l'écart du centre.

Pour les ateliers publics, les jours de travail sont limités aux périodes établies par le juge de paix dans chaque circonscription d'exercice. Les heures de travail sont fixées par le service de la Régie. Les ateliers publics doivent être laissés ouverts pendant toutes les heures de jour et, exceptionnellement, on devra également en autoriser l'ouverture pendant les heures de nuit si les bouilleurs ambulants ou les bouilleurs de cru en faisaient la demande, appuyée de motifs valables.

Lorsque les ateliers publics sont établis dans des brûleries particulières, tous les locaux en communication avec la brûlerie proprement dite sont légalement considérés comme faisant partie de l'atelier et sont, par conséquent, accessibles aux agents de la Régie.

Les matières premières ne peuvent être introduites à l'atelier que sous le couvert d'un acquit ; elles sont rangées séparément par récoltant.

Les non-récoltants sont admis à mettre en œuvre, dans les ateliers publics de distillation, des produits d'achat, en se conformant aux prescriptions du règlement de 1903 et après s'être munis d'une licence, s'ils n'ont pas recours aux offices d'un professionnel.

Les obligations des gérants d'ateliers publics, des récoltants et du service, sont indiquées à l'Annexe N° 5 (page 26).

BRULERIÈS COOPÉRATIVES ET ATELIERS SYNDICAUX

Ces groupements, qui n'ont à déclarer que les stocks existant dans les locaux de l'association, sont exonérés de la licence de distillation. Ils peuvent effectuer des distillations à toute époque de l'année, même en dehors des périodes fixées par le juge de paix pour les opérations à domicile ou aux ateliers publics.

La constitution des sociétés coopératives et celle des syndicats professionnels procèdent de vues différentes. Le but poursuivi par les associations coopératives consiste à effectuer un travail en commun en vue du partage — au prorata des apports de matières premières — des frais de l'opération et des bénéfices pouvant en résulter. Le système des syndicats écarte, en principe, l'idée d'opérations faites en commun ; il vise simplement des distillations individuelles pratiquées, moyennant une rétribution déterminée, dans un local et avec un outillage commun, celui du syndicat (voir Annexe N° 6, page 29).

TRANSPORT DES MATIÈRES PREMIÈRES
A LA BRULERIE

Lorsque la distillation a lieu sur un point séparé de l'habitation du récoltant par la voie publique, ou quand elle est effectuée chez un voisin ou bien à l'atelier public ou à la brûlerie coopérative, le récoltant doit souscrire une déclaration à la recette buraliste ou au bureau désigné à cet effet et lever un acquit-à-caution 2 D (à 0 fr. 10) indiquant le local ou la distillation se fera, la nature, le volume (quantité) des produits, ainsi que le lieu de leur récolte, et indiquer si le transport pourra se faire en un ou plusieurs voyages.

BOUILLEURS AMBULANTS

Les bouilleurs ambulants ou loueurs d'alambics ambulants trouveront des indications détaillées concernant leurs obligations et les formalités qu'ils ont à remplir à l'Annexe N° 3, page 18, pour ce qui a trait aux récoltants faisant distiller à leur propre domicile par un bouilleur ambulant, et à l'Annexe N° 5, page 26, pour les distillations ayant lieu dans un atelier public.

ANNEXE N° 2

BOUILLEURS DE CRU DISTILLANT EUX-MÊMES A DOMICILE

1. Il faut entendre par distillation à domicile toute distillation effectuée ailleurs que dans un atelier public ou dans une brûlerie coopérative ou syndicale.

2. La distillation à domicile peut avoir lieu :

1° Dans un local n'ayant aucune communication intérieure avec l'habitation. La séparation avec les locaux d'habitation et l'atelier de distillation est suffisante lorsqu'on ne peut pénétrer dans cet atelier qu'en empruntant la voie publique ou lorsque la distillation a lieu sur une route, une place, ou même dans un local dont les communications avec l'habitation sont scellées pendant la distillation ;

2° Dans la maison d'habitation ou dans un local en communication intérieure avec l'habitation ;

3° Chez un voisin.

Les matières premières appartenant à divers bouilleurs peuvent être mélangées pour la distillation, l'alcool obtenu étant réparti suivant l'apport de chacun.

3. La fabrication de l'alcool peut être opérée soit avec un alambic appartenant au bouilleur, soit avec un appareil de louage ou de prêt ; elle peut être effectuée soit par le récoltant lui-même, soit par un bouilleur professionnel (voir Annexe N° 3).

4. Si, en vue d'opérer la distillation, les matières premières et les alambics sont déplacés en empruntant la voie publique, des laissez-passer doivent être levés pour le transport des alambics, et des acquits 2 D pour les matières premières.

L'alcool obtenu est ensuite accompagné d'un laissez-passer qui est conservé par le récoltant.

1. — OBLIGATIONS DES BOUILLEURS DE CRU AVANT LA DISTILLATION

A. — Déclaration de fabrication.

5. La distillation ne peut avoir lieu que pendant les périodes fixées par le juge de paix, dans chaque circonscription d'exercice.

6. Le bouilleur de cru fait, trois jours au moins avant le commencement des travaux, une déclaration à la recette buraliste du lieu de distillation (ou à la personne désignée pour cela par la Régie, s'il n'y a pas de recette buraliste dans la commune); il demande le descellement des alambics qui doivent être utilisés et indique en même temps :

1° Les numéros de poinçonnement des alambics dont il doit être fait usage;

2° L'emplacement de la brûlerie;

3° La date de commencement des travaux, leur durée présumée, les heures pendant lesquelles la brûlerie sera chaque jour en activité;

4° S'il y a lieu (voir n° 12), les quantités d'alcool que le déclarant possède déjà dans l'exploitation;

5° L'espèce et le volume des matières premières qui doivent être distillées, ainsi que le lieu où elles ont été récoltées;

6° Lorsque la production doit être supérieure à 50 litres d'alcool pur :

Le rendement minimum desdites matières, c'est-à-dire leur richesse en alcool, diminuée au plus de :

1/10 pour les vins et les cidres;
2/10 pour les lies et les fruits;
3/10 pour les marcs.

Si les produits à distiller présentent entre eux des différences notables, le bouilleur fera bien, pour éviter des manquants ou des excédents, de faire plusieurs lots dont le rendement minimum sera déclaré séparément.

Il lui est délivré récépissé de sa déclaration.

7. Le bouilleur de cru qui déclare, en vue de la distillation, la totalité des matières en sa possession, ou qui, possédant plusieurs sortes de produits, déclare mettre en œuvre la totalité de l'un ou de plusieurs d'entre eux, peut se dispenser d'indiquer le volume et le rendement présumé de ses matières premières en réclamant, dans la déclaration prévue au paragraphe précédent, le concours des employés pour la détermination de ces éléments; mais, dans ce cas, ladite déclaration doit être faite huit jours à l'avance.

Le fait de déclarer en vue de la distillation la totalité d'un produit distillable n'emporte, d'ailleurs, pas obligation de distiller la totalité de ce produit : le bouilleur pourra toujours arrêter les opérations quand bon lui semblera.

8. Les déclarations modificatives concernant la mise en œuvre de nouvelles matières doivent être faites huit jours au moins à l'avance; les autres déclarations modificatives peuvent être faites vingt-quatre heures seulement à l'avance.

9. En cas de distillation chez un voisin, chacun des récoltants qui se livre à la distillation, soit isolément, soit collectivement, doit faire une déclaration personnelle de fabrication.

10. Les matières premières déclarées pour la distillation doivent être séparées des matières similaires et, si les déclarations comprennent plusieurs lots d'une même espèce de matières ayant une richesse alcoolique différente, ces lots doivent être également séparés les uns des autres, de façon que le service puisse les reconnaître facilement, sans confusion possible.

Pendant toute la durée des travaux, la brûlerie et les locaux où, d'après la déclaration du bouilleur, il existe soit des matières destinées à la distillation, soit des spiritueux, sont ouverts à la Régie.

11. Le bouilleur doit aider le service pour la reconnaissance des matières premières, en lui fournissant la main-d'œuvre et les ustensiles nécessaires.

B. — Déclaration des stocks.

a) *Récoltants produisant plus de 50 litres par campagne.*

12. Les récoltants qui distillent à domicile (voir n° 2) et qui produisent au *cours d'une même campagne* (1) *plus de 50 litres d'alcool pur*, sont tenus de déclarer les stocks d'alcool qu'ils possèdent dans leur exploitation.

13. Cette déclaration est faite à la recette buraliste ou au bureau désigné à cet effet au moment de la déclaration de fabrication (voir n° 6).

14. Toutes les quantités d'alcool qui se trouvent dans l'exploitation du bouilleur ou dans ses dépendances doivent être déclarées sans qu'il y ait lieu de rechercher s'il y a ou non communication intérieure entre le local où se trouvent les stocks et celui où a lieu la distillation.

15. Les droits sont exigibles sur les stocks à moins que le propriétaire ne justifie du payement antérieur de l'impôt ou que ce payement ne résulte des mentions figurant aux portatifs des employés. Mais le bouilleur a la faculté de demander que les stocks soient pris en charge à un compte d'entrepôt.

b) *Récoltants ne produisant pas plus de 50 litres*
par campagne.

16. La déclaration des stocks n'a pas à être effectuée par les bouilleurs qui ne produisent pas plus de 50 litres d'alcool pur par campagne

---

(1) C'est-à-dire du 1er août au 31 juillet de l'année suivante.

et qui distillent à domicile dans des locaux séparés par la voie publique de ceux où se trouvent les stocks.

17. Lorsque la brûlerie est en communication intérieure avec le local où sont emmagasinés les stocks, ceux-ci doivent être déclarés, mais ils ne sont pas imposés.

c) *Distillation chez un voisin.*

18. Si le récoltant chez lequel est effectuée la distillation ne procède pas lui-même à des opérations de fabrication, et si le local où sont installés les appareils communique intérieurement avec des caves, celliers, magasins où se trouve de l'alcool, le propriétaire doit en faire la déclaration pour ordre et le représenter à toute réquisition du service, tant que la brûlerie est en activité, à moins qu'il ne demande le scellement des communications intérieures existant entre la distillerie et le local où l'eau-de-vie est emmagasinée.

2. — Obligations des bouilleurs de cru au cours de la fabrication

a) *Bouilleurs dont les opérations durent plus de vingt-quatre heures consécutives.*

19. Au fur et à mesure des opérations, le bouilleur inscrit sur un registre 4 C qui lui est remis gratuitement par le service :

1° La nature et la quantité des matières premières versées dans l'alambic, avec indication, s'il y a lieu, du lot d'où elles proviennent ;

2° La date et l'heure du commencement et celles de la fin du chargement de l'appareil, ainsi que le numéro de l'appareil s'il existe plusieurs alambics dans la brûlerie.

Les bouilleurs de marcs et de fruits doivent en outre inscrire, à la fin de chaque journée de travail, le volume et le degré de l'alcool obtenu.

Dans les brûleries où chaque chargement comprend une quantité uniforme de matières, cette quantité est, au début de chaque campagne, constatée par les employés qui, à cet effet, assistent à plusieurs chargements ; acte en est dressé en tête de leur portatif et signé par le bouilleur qui, dès lors, est dispensé d'inscrire à son registre, pour chaque chargement, la quantité introduite dans l'appareil.

Lorsque le chargement des appareils est continu, le bouilleur ne fait d'inscription qu'à la fin de chaque journée, à chaque interruption de la distillation et à chaque visite des employés. Chaque inscription comprend l'ensemble des quantités de matières premières soumises à la distillation depuis l'inscription précédente. Si les produits mis en œuvre provenaient de lots différents, une inscription serait faite pour chaque lot.

20. Le registre 4 C doit être placé en évidence dans la brûlerie et rester toujours à la disposition du service.

Les dates, heures et quantités sont, sans interruption, mentionnées à l'encre et en toutes lettres ; le déclarant signe toutes les déclarations et approuve les ratures, surcharges et interlignes.

Le registre, préalablement coté et paraphé à chaque feuillet et numéroté à chaque article par le chef local, est confié au bouilleur de cru contre reçu. Il est remis aux employés immédiatement après l'achèvement des travaux ou dès son épuisement.

b) *Bouilleurs de cru dont les opérations ne durent pas plus de vingt-quatre heures consécutives.*

21. Lorsque les opérations de distillation ne durent pas plus de vingt-quatre heures consécutives, le bouilleur est dispensé de la tenue du registre 4 C. Il doit simplement inscrire le détail de ses opérations au verso de l'ampliation (reg. 1er *bis*) qui lui a été délivrée au bureau de la Régie.

c) *Cas particuliers.*

22. Sont dispensés, lorsqu'ils travaillent plus de vingt-quatre heures, de tenir le registre des mises en distillation et lorsque leurs opérations ne durent pas plus de vingt-quatre heures, d'inscrire le détail de ces opérations sur l'ampliation de la déclaration de fabrication :

1° Les récoltants qui ne produisent pas plus de 50 litres d'alcool pur ;

2° Les récoltants — autres que les bouilleurs de marcs ou de fruits — produisant plus de 50 litres d'alcool pur, qui déclarent pour la distillation la totalité des liquides ou matières en leur possession, sauf les quantités de boissons réservées à la consommation de famille ;

3° Les bouilleurs — autres que ceux de marcs ou de fruits — produisant plus de 50 litres d'alcool pur qui, possédant plusieurs sortes de produits distillables, déclarent pour la distillation la totalité de l'un ou de plusieurs d'entre eux ;

4° Les bouilleurs produisant plus de 50 litres d'alcool pur qui ont muni leurs appareils de compteurs vérifiés et acceptés par l'Administration, ou qui ont adopté un système de distillation en vase clos agréé par l'Administration.

Mais tous ces bouilleurs doivent, comme tous les récoltants distillant eux-mêmes leurs produits, indiquer au verso de l'ampliation du 1 *bis* la quantité d'alcool obtenue.

23. Lorsque la distillation a lieu sur un point séparé de l'habitation par la voie publique et que le récoltant a levé un acquit-à-caution pour le transport des matières premières, il est considéré comme distillant la totalité des matières en sa possession, étant entendu que si des matières premières de même nature se trouvent dans le local de distillation elles doivent être déclarées.

24. De même, lorsque la distillation a lieu chez un voisin, la dispense de la tenue du registre de distillation ou de l'inscription du détail des opérations sur l'ampliation, en cas de distillation des produits autres que les marcs ou les fruits, est subordonnée à la déclaration par le récoltant chez lequel a lieu la distillation — même s'il ne distille pas lui-même — de toutes les matières premières de même nature que celles qui sont mises en œuvre.

3. — Obligations des bouilleurs après la distillation

25. Aussitôt après la distillation, le bouilleur de cru doit, dans tous les cas, déposer à la recette buraliste, l'ampliation de la déclaration de fabrication n° 1 *bis* comportant l'indication des quantités obtenues. Il demande également, s'il y a lieu, que les alambics soient replacés sous scellés.

26. Cette déclaration est suivie d'un inventaire fait par le service, opération qui consiste à déterminer les quantités d'alcool dont le bouilleur doit définitivement rendre compte. *Cette opération est la seule pour laquelle les investigations du service peuvent s'étendre à toutes les parties de l'habitation.* D'ailleurs, si la distillation a eu lieu dans un local séparé par la voie publique de l'habitation proprement dite, les investigations ne peuvent s'effectuer que dans le local de distillation ou dans celui où l'alcool a été déposé et, le cas échéant, dans les locaux où les stocks déclarés sont emmagasinés. Le bouilleur de cru doit aider le service pour procéder à l'inventaire des produits fabriqués et, le cas échéant, à la reconnaissance des stocks, en lui fournissant la main-d'œuvre et les ustensiles nécessaires.

27. Après l'inventaire, le bouilleur déclare s'il veut payer les droits immédiatement ou se faire ouvrir un compte d'entrepôt. Dans le premier cas, il lui est fait remise de 10 p. 100 outre l'allocation de 10 litres accordée à tous les propriétaires, fermiers, métayers, vignerons, distillant ou faisant distiller tout ou partie des produits de leur récolte, tels que ceux-ci sont définis par la loi du 31 mars 1903, c'est-à-dire : les vins, cidres, poirés, liés, marcs, prunes, cerises et prunelles. Le payement est effectué entre les mains du receveur de la Régie ou à la recette buraliste. Si le bouilleur veut se faire ouvrir un compte d'entrepôt, les droits sont payés au fur et à mesure des enlèvements ; puis, lors de la première distillation faite après le 1ᵉʳ août suivant et au plus tard quatorze mois à partir de la première distillation de la campagne précé
service viendra chez lui faire le récolement des quantités res *d'ailleurs faire de recherches et sans entrer dans d'autres locaux que celui où les eaux-de-vie seront représentées)* ; les droits seront alors payés sur les manquants, diminués, s'il y a lieu, de l'allocation de 10 litres et de la freinte pour évaporation.

ANNEXE N° 3

RÉCOLTANTS BOUILLEURS DE CRU FAISANT DISTILLER A LEUR DOMICILE PAR UN BOUILLEUR AMBULANT

OBLIGATIONS DES BOUILLEURS AMBULANTS

Obligations au départ.

1. Le bouilleur ambulant (ou loueur d'alambic ambulant), qui est tenu d'avoir une licence de distillateur, doit déclarer à la recette buraliste, quarante-huit heures à l'avance, la mise en circulation de son alambic et se munir d'un permis indiquant la capacité dudit alambic, le jour où commencera et celui où finira sa mise en circulation, les communes dans lesquelles il doit être conduit.

2. Le permis de circulation n'est valable que pour un mois au plus et pour les communes comprises dans la circonscription de la recette buraliste d'où il émane (1) ; il doit être représenté à toute réquisition des employés.

En cas de passage dans une autre circonscription de recette buraliste, le bouilleur ambulant doit se munir, au bureau du point de départ, d'un nouveau permis valable pour la durée du trajet jusqu'au lieu de destination et désignant spécialement le point où l'appareil sera déposé à l'arrivée.

Lorsque les conducteurs d'alambics modifient leur itinéraire, ils en font préalablement la déclaration à la recette buraliste ou aux agents d'exercice de la localité. Ces changements sont mentionnés au verso du

---

(1) L'Administration admet que le service autorise les receveurs buralistes à délivrer des permis de circulation valables pour l'étendue de la circonscription du poste d'exercice.

permis de circulation, quand l'alambic ne doit pas quitter la circonscription de la recette buraliste ; dans le cas contraire, un nouveau permis est délivré.

Obligations à l'arrivée dans chaque commune.

3. Lors de son arrivée dans chaque commune, le bouilleur ambulant doit déclarer à la recette buraliste (ou à la personne désignée pour cela par la Régie, s'il n'y a pas de recette buraliste dans la commune) le nom et le domicile des personnes pour le compte desquelles il doit successivement distiller, ainsi que la date à laquelle il commencera ses travaux chez chacune d'elles (registre n° 10 A).

Il peut, pendant son séjour dans la commune, modifier par de nouvelles déclarations toutes ces indications, en supprimer et en ajouter de nouvelles.

4. Lorsque le bouilleur ambulant distille dans la commune de sa résidence, la mise en circulation de l'appareil et les indications relatives aux lieux et aux dates de son emploi peuvent faire l'objet d'une déclaration globale.

5. Ces diverses déclarations doivent être faites par le bouilleur ambulant lui-même ou par son délégué porteur d'une autorisation signée, laquelle est retenue au bureau de la Régie.

Cahier-journal.

6. Le bouilleur ambulant consigne sur un cahier-journal n° 10 *ter*, fourni gratuitement par l'Administration, le jour, l'heure et le lieu où commence et s'achève chacune de ses distillations, les quantités et espèces de matières mises en œuvre et leur produit à la fin de chaque journée.

7. Aussitôt après l'achèvement des travaux chez chaque récoltant, le bouilleur ambulant est tenu de faire parvenir au bureau de la Régie où il a fait la déclaration prévue au paragraphe 3, une ampliation, signée par lui et par le producteur, des inscriptions faites au cahier-journal.

Le carnet 10 *ter* comporte une autre ampliation qui est remise, signée par le bouilleur ambulant, au producteur lui-même.

8. Le bouilleur ambulant doit représenter son cahier-journal à toute réquisition des employés, tant chez lui qu'en tous lieux où il exerce sa profession.

9. L'inobservation de ces diverses prescriptions rend applicables au bouilleur ambulant les dispositions du deuxième paragraphe de l'article 11 de la loi du 29 décembre 1900 (retrait du permis pendant un délai de six mois ou d'un an en cas de récidive), indépendamment des pénalités édictées par l'article 26 de la loi du 31 mars 1903 (amende de 500 à

5.000 francs; confiscation des appareils et boissons saisis et rembourse-
ment des droits fraudés).

Dans le cas où le récoltant aurait refusé de signer, soit le cahier-
journal, soit l'ampliation de ce registre, le bouilleur ambulant peut être
mis hors de cause et, dans ce cas, les pénalités visées à l'article 26 sont
encourues par le récoltant.

OBLIGATIONS DES RÉCOLTANTS BOUILLEURS DE CRU

10. Toute distillation opérée au domicile d'un récoltant avec l'alambic d'un bouilleur ambulant ne peut avoir lieu que pendant les périodes
de distillation fixées, dans chaque circonscription d'exercice, par le juge
de paix. Elle entraîne pour ledit récoltant : l'obligation de déclarer les
stocks d'eau-de-vie d'ancienne fabrication qu'il possède lorsque la production excède 50 litres d'alcool pur, au cours de la campagne de distillation, ou, en cas de production inférieure, si la distillation a lieu dans
un local en communication intérieure avec celui où se trouvent les
stocks. Dans le premier cas, les stocks doivent être imposés, à moins
que le récoltant ne justifie du payement antérieur des droits. Dans le
deuxième cas, les stocks sont pris en charge pour mémoire, sans que
cette prise en charge entraîne payement des droits.

11. Le récoltant bouilleur de cru qui désire faire distiller chez lui les
produits de sa récolte par un bouilleur ambulant doit en faire préalablement la déclaration à la recette buraliste du lieu de distillation (ou à
la personne désignée pour cela par la Régie, s'il n'y a pas de recette
buraliste dans la commune).

Toutefois, il a la faculté de faire effectuer cette déclaration par le
bouilleur ambulant ou son délégué, en signant un pouvoir sur un carnet
spécial (n° 4 D) qui est fourni gratuitement au bouilleur ambulant par
l'Administration.

Ce pouvoir comprend une souche et une ampliation qui doivent toutes
deux être signées par le récoltant et par le bouilleur ambulant; celui-ci
dépose l'ampliation à la recette buraliste, au moment où il y fait, au
nom du récoltant, la déclaration préalable de fabrication.

Le registre n° 4 D, coté et paraphé à chaque feuillet et numéroté à
chaque article par le chef local, est remis au bouilleur ambulant contre
reçu.

Lorsqu'il effectue dans ces conditions une déclaration de fabrication,
le bouilleur ambulant n'agit que comme mandataire du récoltant et ne
doit pas être personnellement mis en cause si des inexactitudes sont
relevées. Le récoltant reste, au regard de la Régie, responsable des déclarations faites en son nom par le bouilleur ambulant.

12. La déclaration doit être faite trois jours au moins avant le commencement des travaux pour le premier récoltant chez lequel il est fait

usage de l'appareil du bouilleur ambulant après son arrivée dans la commune, et deux heures pour les autres récoltants de la même commune chez lesquels l'alambic est successivement utilisé.

Si le bouilleur ambulant a indiqué, au moins trois jours à l'avance, dans la déclaration prévue au paragraphe 1, la date de son arrivée dans la commune, le délai de deux heures s'applique à tous les récoltants de cette commune qui ont recours à son appareil.

13. La déclaration doit indiquer :

1º Les numéros de poinçonnement des alambics qui doivent être utilisés ;

2º L'emplacement de la brûlerie ;

3º La date du commencement des travaux, leur durée présumée, les heures pendant lesquelles la brûlerie sera chaque jour en activité ;

4º Les quantités d'alcool que le récoltant bouilleur de cru possède déjà dans l'exploitation (voir nº 10) ;

5º L'espèce et le volume des matières premières qui doivent être distillées et le lieu où elles ont été récoltées ;

6º Lorsque la quantité d'alcool devant être produite dépasse 50 litres, le rendement minimum desdites matières, c'est-à-dire leur richesse en alcool diminuée au plus de :

1/10 pour les vins et les cidres ;
2/10 pour les lies et les fruits ;
3/10 pour les marcs.

Si les produits à distiller présentent entre eux des différences notables, le déclarant fera bien, pour éviter des manquants ou des excédents, de faire plusieurs lots dont le rendement minimum sera déclaré séparément.

Il est délivré récépissé de cette déclaration.

14. Le récoltant bouilleur de cru qui déclare, en vue de la distillation, la totalité des matières en sa possession, ou qui, possédant plusieurs sortes de produits, déclare mettre en œuvre la totalité de l'un ou de plusieurs d'entre eux, peut se dispenser d'indiquer le volume et le rendement présumé de ses matières premières en réclamant, dans la déclaration prévue aux paragraphes précédents, le concours des employés pour la détermination des éléments.

Mais, en raison de la brièveté du délai accordé pour la déclaration de fabrication, il doit, s'il veut profiter de cette mesure, prévenir assez à temps les employés pour que ceux-ci puissent procéder aux opérations nécessaires avant le commencement des travaux.

Le fait de déclarer, en vue de la distillation, la totalité d'un produit distillable n'emporte, d'ailleurs, pas obligation de distiller la totalité de ce produit : le récoltant bouilleur de cru pourra toujours arrêter les opérations quand bon lui semblera.

15. Les matières premières déclarées pour la distillation doivent être séparées des matières similaires et, si les déclarations comprennent plusieurs lots d'une même espèce de matières ayant une richesse alcoolique différente, ces lots doivent être également séparés les uns des autres, de façon que le service puisse les reconnaitre facilement, sans confusion possible.

16. Le récoltant est tenu de contresigner les indications du cahier-journal, ainsi que l'ampliation que le bouilleur ambulant doit faire parvenir au bureau du lieu de distillation ; cette ampliation forme titre à son égard, et peut servir de base à la prise en charge des quantités d'alcool produites. Il doit, au surplus, représenter au service l'extrait du cahier-journal du bouilleur ambulant, qui lui est remis par ce dernier et qui mentionne les inscriptions faites audit cahier-journal.

En raison des garanties que donnent ces mesures, il est personnellement dispensé de toutes écritures.

17. Le récoltant bouilleur de cru et le bouilleur ambulant doivent aider le service dans les recensements, en lui fournissant la main-d'œuvre et les ustensiles nécessaires.

18. Pendant toute la durée des travaux, les locaux où s'opère la distillation et ceux où, d'après la déclaration du récoltant bouilleur de cru, il existe soit des matières destinées à la distillation, soit des spiritueux, sont ouverts à la Régie.

19. Le récoltant bouilleur de cru a droit à une exemption d'impôt sur 10 litres d'alcool pur par campagne de distillation.

20. Après l'achèvement des travaux, le service procède à l'inventaire, opération qui consiste à déterminer les quantités d'alcool dont le récoltant bouilleur de cru doit définitivement rendre compte. Ces quantités — abstraction faite des stocks — ne peuvent pas être inférieures à la production réelle accusée par le cahier-journal du bouilleur ambulant.

L'inventaire est la seule opération pour laquelle les investigations du service peuvent s'étendre à toutes les parties de l'habitation, à moins que la distillation n'ait été effectuée dans un local séparé de l'habitation par la voie publique.

Dans ce cas, en effet, les investigations ne peuvent s'effectuer que dans le local où a eu lieu la distillation et dans ceux où se trouvent les alcools.

21. Après l'inventaire, le récoltant déclare s'il veut payer les droits immédiatement ou se faire ouvrir un compte d'entrepôt. Dans le premier cas, il lui est fait remise de 10 p. 100 (en outre de l'allocation de 10 litres visée au paragraphe 19). Le payement est effectué entre les mains du receveur de la Régie ou à la recette buraliste. Si le récoltant veut se faire ouvrir un compte d'entrepôt, les droits sont payés au fur et à mesure des enlèvements ; puis, lors de la première distillation faite après le 1ᵉʳ août suivant et au plus tard quatorze mois à partir de la première distillation de la campagne précédente, le service viendra chez lui faire le récolement des quantités restantes (*sans d'ailleurs faire de recherches et sans entrer dans d'autres locaux que celui où les eaux-de-vie seront représentées*) ; les droits seront alors payés sur les manquants, diminués, s'il y a lieu, de l'allocation de 10 litres et de la freinte d'évaporation.

ANNEXE N° 4

BOUILLEURS DE CRU DISTILLANT EUX-MÊMES DANS UN ATELIER PUBLIC

OBLIGATIONS DES BOUILLEURS DE CRU

1. La distillation a lieu aux jours fixés par le juge de paix, dans chaque circonscription d'exercice.

2. Le bouilleur de cru fait, trois jours à l'avance, une déclaration à la recette buraliste du lieu de distillation (ou à la personne désignée pour cela par la Régie, s'il n'y a pas de recette buraliste dans la commune) [déclaration reçue au registre n° 1 *bis*] ; il demande le descellement de son alambic et indique en même temps :

1° Les numéros de poinçonnement des alambics qui doivent être utilisés ;

2° L'emplacement de l'atelier ;

3° La date et l'heure du commencement des travaux et leur durée présumée.

Il lui est délivré récépissé de sa déclaration.

3. Le bouilleur de cru prend, à la recette buraliste de son domicile, un laissez-passer à 0 fr. 10 pour conduire l'alambic à l'atelier.

Il prend un acquit-à-caution à 0 fr. 10 pour accompagner à la brûlerie les produits à distiller (vins, cidres, lies, marcs, fruits) ; il indique la nature, le volume, le lieu de récolte de ces produits.

En cas de transports successifs pendant la même journée, un seul titre de mouvement peut être utilisé. Le récoltant doit en faire, au préalable, la déclaration, et le receveur buraliste inscrit sur l'acquit la mention « Transport devant être effectué en ... voyages ». A l'arrivée de chaque portion du chargement à l'atelier public, le distillateur annote l'acquit de la mention « 1ᵉʳ, 2ᵉ, 3ᵉ ... voyage effectué » jusqu'à la totalité de l'apport.

Si, en vue de la délivrance ultérieure de titres de mouvement sur papier blanc, les producteurs désirent faire ouvrir un compte pour les eaux-de-vie qu'ils ramèneront chez eux, ils doivent en formuler la demande au moment de la levée de l'acquit-à-caution de matières premières, par une déclaration inscrite sur la souche du registre et conçue en ces termes : « Le soussigné revendique pour les alcools le bénéfice de l'acquit blanc ». Cette mention est reproduite par le buraliste en marge de l'acquit délivré.

Sur le volume déclaré, on admet une tolérance de 5 p. 100 pour les vins, cidres, poirés et lies, 10 p. 100 pour les fruits, 15 p. 100 pour les marcs.

4. Le bouilleur qui n'apporte chaque jour, à l'atelier, que la quantité de matières premières devant être distillée dans la journée, ou, dont la production n'est pas supérieure à 50 litres d'alcool pur, est dispensé de toutes écritures.

Il doit simplement inscrire sur l'ampliation du n° 1 *bis* la quantité d'alcool obtenue et remettre cette ampliation à la recette buraliste.

5. Lorsque les matières premières apportées à l'atelier ne peuvent être distillées, en totalité, dans la journée où l'apport a été fait et que la production est supérieure à 50 litres, le bouilleur inscrit d'abord, sur un carnet 4 C qui lui est remis gratuitement par le service, le rendement minimum des matières à distiller, c'est-à-dire leur richesse en alcool diminuée au plus de :

1/10 pour les vins et les cidres ;
2/10 pour les lies et les fruits ;
3/10 pour les marcs.

Si les produits à distiller présentent entre eux des différences notables, le bouilleur fera bien, pour éviter des manquants ou des excédents, de faire plusieurs lots dont le rendement minimum sera déclaré séparément.

Il peut, d'ailleurs, demander que le calcul du rendement minimum soit arrêté d'accord avec le service ; il doit alors faire huit jours d'avance la déclaration prévue au paragraphe 2.

Puis il inscrit sur le même carnet :

1° Les quantités versées dans l'alambic, avec le jour et l'heure du versement (si l'appareil est à chargement continu, il ne fait qu'une inscription par journée) ;

2° Les quantités d'alcool obtenues à la fin de chaque journée et à la fin de sa distillation lorsqu'il met en œuvre des marcs ou des fruits.

6. Chaque récoltant tient ses produits à distiller séparés de ceux des autres récoltants, de manière que le service puisse les reconnaître facilement.

7. Dès l'achèvement des travaux, le bouilleur en fait la déclaration au bureau de régie et il remet l'ampliation du registre 1 *bis* comportant l'indication des quantités obtenues.

Il ne peut enlever l'eau-de-vie fabriquée qu'après la reconnaissance qui en est faite par le service ou, si le service ne vient pas auparavant, à la fin de la journée. Pour l'enlèvement, il prend un laissez-passer à 0 fr. 10 qu'il conserve chez lui après le transport effectué.

8. il prend également un laissez-passer à 0 fr. 10 pour emporter l'alambic, après scellement par le service.

9. Il signe les souches des titres de mouvement pris pour le transport des produits à distiller, de l'alambic et des eaux-de-vie.

Il a droit, par campagne de distillation, à une allocation de 10 litres d'alcool pur.

10. Il déclare, en levant l'acquit de matières premières, s'il veut payer les droits immédiatement ou se faire ouvrir un compte. Dans le premier cas, il lui est fait remise de 10 p. 100 (en outre de l'allocation de 10 litres) ; le payement est effectué entre les mains du receveur de la Régie ou à la recette buraliste. S'il veut se faire ouvrir un compte, les droits sont payés au fur et à mesure des enlèvements ; puis, lors de la première distillation faite après le 1er août suivant et au plus tard quatorze mois à partir de la première distillation de la campagne précédente, le service viendra chez lui faire le récolement des quantités restantes (*sans d'ailleurs faire de recherches et sans entrer dans d'autres locaux que celui où les eaux-de-vie seront représentées*) ; les droits seront alors payés sur les manquants, diminués, s'il y a lieu, de l'allocation de 10 litres et de la freinte pour évaporation.

11. Le récoltant qui distille à l'atelier public n'a pas à déclarer les alcools qu'il a chez lui provenant de distillations antérieures.

12. Au lieu d'emporter leurs eaux-de-vie, les récoltants peuvent les laisser dans un local commun soumis aux exercices de la Régie et ne communiquant pas avec d'autres locaux contenant des alcools.

13. Les particuliers qui veulent distiller à l'atelier public des produits ne provenant pas de leur récolte peuvent le faire comme les récoltants, mais ils doivent se munir d'une licence de bouilleur de profession, à moins qu'ils ne bénéficient de la tolérance admise pour les petites distillations, et acquitter l'impôt intégralement ; ils ne pourraient obtenir le crédit des droits au delà du trimestre en cours qu'en continuant à payer licence.

14. Le bouilleur doit aider le service dans les recensements, en lui fournissant la main-d'œuvre et les ustensiles nécessaires. Il lui soumet le registre qu'il tient dans le cas visé au paragraphe 5.

Il remet au service les acquits-à-caution qui ont servi au transport des matières premières.

15. Les locaux de distillation et tous ceux communiquant avec eux, sans passer par la voie publique, sont ouverts à la Régie.

ANNEXE N° 5

BOUILLEURS DE CRU FAISANT DISTILLER DANS UN ATELIER PUBLIC PAR UN BOUILLEUR PROFESSIONNEL OU AMBULANT

OBLIGATIONS DES BOUILLEURS DE CRU

1. La distillation a lieu aux jours fixés par le juge de paix, dans chaque circonscription d'exercice.

2. Le récoltant prend à la recette buraliste (ou chez la personne désignée pour cela par la Régie, s'il n'y a pas de recette buraliste dans la commune) un acquit-à-caution à 0 fr. 10, dont il signe la souche, pour apporter à la brûlerie les produits à distiller (vins, cidres, lies, marcs, fruits frais); il indique la nature, le volume, le lieu de récolte de ces produits. Il remet l'acquit au distillateur. Le volume peut n'être déclaré qu'approximativement; à l'arrivée à l'atelier, il est rectifié d'accord avec le distillateur.

En cas de transports successifs pendant la même journée, un seul titre de mouvement peut être utilisé. Le récoltant doit en faire, au préalable, la déclaration, et le receveur buraliste inscrit sur l'acquit la mention « Transport devant être effectué en ... voyages ». A l'arrivée de chaque portion du chargement à l'atelier public, le distillateur annote l'acquit de la mention « 1er, 2e, 3e ... voyage effectué » jusqu'à la totalité de l'apport.

Si, en vue de la délivrance ultérieure de titres de mouvement sur papier blanc, les producteurs désirent faire ouvrir un compte pour les eaux-de-vie qu'ils ramèneront chez eux, ils doivent en formuler la demande au moment de la levée de l'acquit-à-caution de matières premières, par une déclaration inscrite sur la souche du registre et conçue en ces termes : « Le soussigné revendique pour les alcools le bénéfice de l'acquit blanc ». Cette mention est reproduite par le buraliste en marge de l'acquit délivré.

3. Le récoltant ne peut enlever l'eau-de-vie fabriquée qu'après reconnaissance du service, ou, si le service ne vient pas, à la fin de la journée ; l'enlèvement est effectué sous le lien d'un laissez-passer dont la souche est signée par le récoltant. Les laissez-passer peuvent être établis par le bouilleur de profession ou ambulant.

4. Il est alloué, par campagne de distillation, une allocation de 10 litres d'alcool pur en franchise, à tous les propriétaires, fermiers, métayers, vignerons, distillant ou faisant distiller tout ou partie des produits provenant exclusivement de leur récolte ci-après désignés : vins, cidres et poirés, marcs, lies, prunes, prunelles et cerises.

5. Le récoltant déclare, en levant l'acquit de matières premières, s'il veut payer les droits immédiatement ou se faire ouvrir un compte. Dans le premier cas, il lui est fait remise de 10 p. 100 (en outre de l'allocation de 10 litres) ; le payement est effectué entre les mains du receveur de la Régie ou à la recette buraliste. S'il veut se faire ouvrir un compte, les droits sont payés au fur et à mesure des enlèvements ; puis, lors de la première distillation faite après le 1er août suivant et au plus tard quatorze mois à partir de la première distillation de la campagne précédente, le service viendra chez lui faire le récolement des quantités restantes (*sans d'ailleurs faire de recherches et sans entrer dans d'autres locaux que celui où les eaux-de-vie seront représentées*) ; les droits seront alors payés sur les manquants, diminués, s'il y a lieu, de l'allocation de 10 litres et de la freinte pour évaporation.

6. Le récoltant qui fait distiller à l'atelier public n'a pas à déclarer les alcools qu'il a chez lui provenant de distillations antérieures.

7. Au lieu d'emporter leurs eaux-de-vie, les récoltants peuvent les laisser dans un local commun soumis aux exercices de la Régie et ne communiquant pas avec d'autres locaux contenant des alcools.

8. Les particuliers qui veulent faire bouillir des produits ne provenant pas de leur récolte peuvent le faire comme les récoltants, mais ils doivent payer l'impôt intégralement et ne pourraient obtenir le crédit des droits qu'en payant licence d'entrepositaire.

OBLIGATIONS DES BOUILLEURS PROFESSIONNELS OU BOUILLEURS AMBULANTS

9. Le bouilleur professionnel ou bouilleur ambulant qui veut distiller à l'atelier public doit être pourvu d'une licence de distillateur. Il avise par écrit trois jours à l'avance le chef de service (contrôleur, receveur ambulant, chef de poste) dans la circonscription duquel se trouve l'atelier ; il désigne l'atelier, le numéro de poinçonnement des alambics. La durée des distillations ne peut excéder la période fixée par le juge de paix.

10. A mesure de l'apport des matières premières, il les range séparément par récoltant en les étiquetant ; il garde les acquits pour les remettre au service ; il inscrit immédiatement sans ratures ni surcharges, sur un carnet 10 *ter* remis par la Régie, le nom et l'adresse du récoltant, le numéro de l'acquit, les espèces et quantités, rectifiées s'il y a lieu, de matières premières. S'il s'agit de bouilleurs de cru dont les matières ne peuvent être distillées en totalité dans la journée où l'apport a été fait, il inscrit également le rendement minimum des matières premières (c'est-à-dire leur richesse en alcool diminuée au plus de 1/10 pour les vins et les cidres, de 2/10 pour les fruits, de 3/10 pour les marcs).

11. A mesure des opérations de distillation, il inscrit, par récoltant, en face des premières indications :

1° Les quantités versées dans l'alambic avec le jour et l'heure du versement (si l'appareil est à chargement continu, il ne fait qu'une inscription par journée et par récoltant) ;

2° Les quantités d'alcool obtenues après l'épuisement du lot de chaque récoltant, et, en tout cas, à la fin de chaque journée ;

3° Le numéro du laissez-passer servant à l'enlèvement de l'alcool, ou bien l'indication que l'alcool a été transporté dans le local commun si celui-ci est en communication intérieure avec la brûlerie.

12. Les alcools appartenant à chaque récoltant sont placés à part et étiquetés.

Le distillateur remet à chaque récoltant, dès la fin des opérations faites pour son compte, une ampliation du registre 10 *ter*, dûment signée par l'intéressé, indiquant la quantité d'alcool obtenue ; il en remet un double à la recette buraliste.

13. Les matières premières appartenant à divers récoltants doivent, de préférence, être distillées successivement. Toutefois, les quantités appartenant à plusieurs récoltants peuvent être mélangées dans l'alambic. La fin des opérations faites par un récoltant peut aussi se confondre avec le début des opérations faites par le récoltant suivant, si les matières à distiller sont de même richesse alcoolique ou de même nature, et l'alcool obtenu est alors réparti proportionnellement aux quantités de matières premières.

14. Le distillateur doit soumettre son registre au service, aider le service dans les recensements en lui fournissant la main-d'œuvre et les ustensiles nécessaires.

Les recensements portent sur tous les produits, matières premières et alcool ; les excédents sont ajoutés aux charges. Ceux de matières premières au-dessus de 5 p. 100 pour les vins, cidres et lies, 10 p. 100 pour les fruits, 15 p. 100 pour les marcs peuvent être saisis ; ceux d'alcool qui résultent de la comparaison des quantités déclarées fabriquées et des quantités reconnues peuvent également être saisis ; ceux d'alcool qui résulteraient de l'excédent des quantités fabriquées sur le rendement minimum des matières premières ne peuvent être saisis que s'ils dépassent la réfaction indiquée ci-dessus pour chaque espèce de matière première (1/10, 2/10, 3/10), augmentée de 5 p. 100 de cette réfaction. Les manquants qui résultent de la comparaison entre les quantités déclarées fabriquées et les restes reconnus sont imposables (sans préjudice de procès-verbal en cas d'enlèvement sans expédition). Les manquants résultant de déchets de fabrication sont alloués en décharge.

En cas de perte de matières premières ou d'alcool constatée par le service, la décharge peut être accordée.

15. Le directeur peut, s'il le juge nécessaire, imposer une caution au distillateur.

16. Les locaux de distillation et tous ceux communiquant avec eux sans passer par la voie publique sont ouverts à la Régie.

17. Dans l'intervalle des distillations, les appareils sont scellés.

ANNEXE N° 6

BOUILLEURS DE CRU FAISANT DISTILLER
DANS UNE BRULERIE COOPÉRATIVE OU SYNDICALE

OBLIGATIONS DES BOUILLEURS DE CRU

1. Le récoltant, membre d'une association coopérative de distillation, prend à la recette buraliste (ou chez la personne désignée pour cela par la Régie, s'il n'y a pas de recette buraliste dans la commune), un acquit-à-caution à 0 fr. 10 pour apporter à la brûlerie les produits à distiller (vins, cidres, poirés, lies, marcs, cerises ou prunes de sa récolte) ; il indique la nature, le volume, le lieu de récolte de ces produits. Il remet l'acquit au gérant de l'association. Le volume peut n'être déclaré qu'approximativement ; à l'arrivée à la brûlerie, il est rectifié d'accord avec le gérant.

2. Après fabrication, il peut laisser l'eau-de-vie en dépôt dans les locaux de l'association, ou transporter à son domicile, avec un laissez-passer à 0 fr. 10 levé par le gérant, tout ou partie de la quantité formant sa quote-part. Un registre de laissez-passer peut être mis à la disposition des gérants.

3. La distillation peut être effectuée à toute époque de l'année, même en dehors des périodes fixées par le juge de paix.

Il est alloué, par campagne de distillation, une allocation de 10 litres d'alcool pur en franchise, à tous les propriétaires, fermiers, métayers, vignerons, distillant ou faisant distiller tout ou partie des produits provenant exclusivement de leur récolte ci-après désignés : vins, cidres et poirés, marcs, lies, prunes, prunelles et cerises.

4. Le récoltant déclare, en levant l'acquit de matières premières, s'il veut payer les droits immédiatement sur l'eau-de-vie ramenée à son domicile ou se faire ouvrir un compte. Dans le premier cas, il lui est fait remise de 10 p. 100 (en outre de l'allocation de 10 litres); le payement est effectué entre les mains du receveur de la Régie ou à la recette buraliste. S'il veut se faire ouvrir un compte, les droits sont payés au fur et à mesure des enlèvements; puis, lors de la première distillation faite après le 1er août suivant et au plus tard quatorze mois à partir de la première distillation de la campagne précédente, le service viendra chez lui faire le récolement des quantités restantes (*sans d'ailleurs faire de recherches et sans entrer dans d'autres locaux que celui où les eaux-de-vie seront représentées*); les droits seront alors payés sur les manquants, diminués, s'il y a lieu, de l'allocation de 10 litres et de la freinte pour évaporation.

5. Le récoltant qui fait distiller à la brûlerie coopérative n'a pas à déclarer les alcools qu'il a chez lui provenant de distillations antérieures.

CONSTITUTION DES BRULERIES COOPÉRATIVES
ET DES BRULERIES SYNDICALES

6. Le gérant de l'association doit fournir, huit jours au moins avant toute opération, au directeur des Contributions indirectes :

1° La justification de la constitution régulière de l'association.

Pour les syndicats professionnels, cette justification consiste dans la production d'une copie certifiée du récépissé délivré par le maire de la commune où a été effectué, par application de la loi du 21 mars 1884, le dépôt des statuts et de la liste des noms des administrateurs ou directeurs du syndicat.

Quant aux associations coopératives, la preuve de leur constitution est fournie par la copie du contrat de société qui a été établi;

2° Les statuts;

3° La liste des membres de l'association indiquant les nom, prénoms et domicile de chacun d'eux, avec la date de son admission;

4° Un plan intérieur, avec légende, permettant de constater que les locaux de la brûlerie n'ont pas de communication intérieure avec les bâtiments voisins non occupés par l'association;

5° Enfin, une copie certifiée de la délibération du Conseil d'administration ou de direction lui attribuant la qualité de délégué ou de gérant.

Les modifications apportées à l'organisation de l'association, à la liste des membres, à l'agencement des locaux, doivent être notifiées, dans un délai de huit jours, au directeur des Contributions indirectes.

7. Les locaux de la brûlerie doivent, avant le commencement des travaux, être agréés par ce chef de service.

Ils peuvent servir à la fois d'atelier de distillation et d'entrepôt.

8. Les membres des associations coopératives de distillation sont solidairement responsables des infractions à la loi commises dans le local commun. Toutefois, l'association peut présenter à l'Administration deux de ses membres qui seront solidairement responsables desdites infractions et des droits sur les manquants constatés, sauf leur recours contre les associés tel qu'il sera réglé par les statuts.

Le directeur peut, s'il le juge nécessaire, imposer une caution.

9. Les brûleries coopératives et ateliers syndicaux ne sont pas soumis à la licence.

OBLIGATIONS DES GÉRANTS DES BRULERIES COOPÉRATIVES

10. Le gérant de l'association doit, lorsqu'il veut commencer à distiller, en faire la déclaration huit jours à l'avance au bureau de la Régie ; il désigne le numéro de poinçonnement des alambics — l'emplacement de la brûlerie — la date du commencement des travaux, leur durée probable et les heures pendant lesquelles la brûlerie sera chaque jour en activité — les quantités d'alcool existant déjà dans les locaux de l'association — l'espèce des matières premières qui doivent être distillées.

Les déclarations modificatives peuvent être faites vingt-quatre heures seulement à l'avance.

11. A mesure de l'apport des matières premières, il inscrit immédiatement sans rature ni surcharge, sur un registre spécial, conforme au modèle donné par l'Administration et préalablement coté et paraphé par le juge de paix, le nom et l'adresse du récoltant, les quantités, rectifiées, s'il y a lieu, des matières premières par espèce, et l'analyse de l'acquit, qu'il garde pour le remettre au service. Il inscrit également le rendement minimum des matières premières (c'est-à-dire leur richesse en alcool diminuée au plus de 1/10 pour les vins et les cidres, de 2/10 pour les fruits, de 3/10 pour les marcs).

Si les produits à distiller apportés par un même récoltant présentent entre eux des différences notables, il fera bien, pour éviter des manquants ou des excédents, de faire plusieurs lots dont le rendement minimum sera déclaré séparément.

Il peut d'ailleurs demander, en faisant la déclaration prévue au paragraphe 10, que le calcul du rendement minimum soit arrêté d'accord avec le service.

Les gérants des coopératives ou syndicats sont soumis, d'une manière générale, aux obligations imposées aux bouilleurs de cru distillant à domicile ; ils doivent, notamment en cas de distillation de marcs ou fruits, tenir le registre 4 C et y indiquer, à la fin de chaque journée, le volume et le degré de l'alcool obtenu.

12. Lors de l'enlèvement par les récoltants de leur quote-part d'eau-de-vie, il inscrit, toujours sur le même registre, au compte particulier de chaque adhérent, la quantité d'alcool enlevée, avec l'analyse du laissez-passer à 0 fr. 10 qu'il doit soumissionner lui-même pour le transport.

Il lui appartient également de soumissionner les titres de mouvement levés pour les expéditions à toutes autres destinations.

13. Les matières premières apportées par les divers adhérents peuvent être mélangées et livrées ensemble à la distillation ; la quote-part d'alcool revenant à chacun d'eux est alors déterminée d'après les apports individuels de matières premières.

Ne peuvent être mis en œuvre dans la distillerie que des vins, cidres, poirés, lies, marcs, cerises ou prunes provenant de la récolte des membres de l'association.

14. Le gérant doit soumettre son registre au service, aider le service dans les recensements en lui fournissant la main-d'œuvre et les ustensiles nécessaires.

Les recensements portent sur tous les produits, matières premières et alcool ; les excédents sont ajoutés aux charges. Ceux de matières premières au-dessus de 5 p. 100 pour les vins, cidres et lies, 10 p. 100 pour les fruits, 15 p. 100 pour les marcs peuvent être saisis ; ceux d'alcool qui résulteraient de l'excédent des quantités fabriquées sur le rendement minimum des matières premières ne peuvent être saisis que s'ils dépassent la réfaction indiquée ci-dessus pour chaque espèce de matières premières (1/10, 2/10, 3/10), augmentée de 5 p. 100 de cette réfaction.

Les manquants résultant de déchets de fabrication sont alloués en décharge.

En cas de perte de matières premières ou d'alcool constatée par le service, la décharge peut être accordée.

ALAMBICS
DEROY FILS AÎNÉ
PARIS

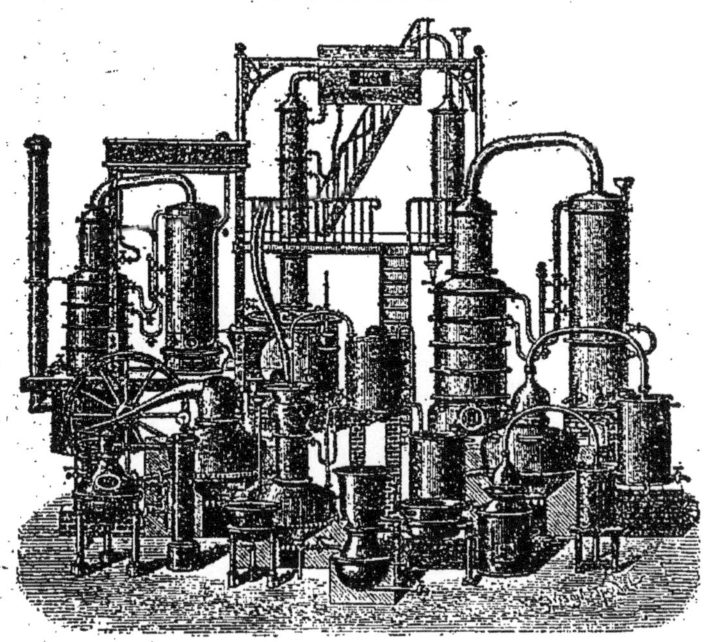

HORS CONCOURS — MEMBRE DU JURY — EXP^{on} UNIV. PARIS 1900

MÉDAILLE D'OR A L'EXPOSITION UNIVERSELLE DE PARIS 1889

DIPLÔMES D'HONNEUR. — San Miniato et Rome (Italie), 1885-86.

MÉDAILLE OR. — Grignon, 1886 (Concours officiel).

MÉDAILLE OR. — Boufarik (Algérie), 1887 (Concours officiel).

MÉDAILLE OR. — Hanoï (Tonkin), 1887.

MÉDAILLE OR. — Rennes, 1887.

HORS CONCOURS. — Le Havre, 1887 (Membre du Jury).

PREMIER PRIX. — Saint-Brieuc, 1888.

DIPLÔME D'HONNEUR. — Paris, 1888.

MÉDAILLE OR. — Alençon, 1888 (Concours officiel).

MÉDAILLE OR. — Paris, 1889 (Exp. Univ.).

MÉDAILLE OR. — Vérone, 1889.

MÉDAILLE OR. — Le Mans, 1890 (Concours officiel).

PREMIER PRIX. — Caen, 1890.

DEUX DIPLÔMES D'HONNEUR. — Paris, 1891.

PREMIER PRIX. — Evreux, 1892.

HORS CONCOURS. — Chicago, 1893.

MÉDAILLE OR. — Orléans, 1894 (Concours officiel).

MÉDAILLE OR. — Laigle, 1894.

DIPLÔME D'HONNEUR. — St-Pétersbourg, 1894.

DIPLÔME D'HONNEUR. — Bucarest, 1894.

MÉDAILLE OR. — Clermont-Ferrand, 1895 (Concours officiel).

GRAND PRIX. — Bordeaux, 1895 (Exp. Univ.).

MÉDAILLE OR. — Bruxelles, 1897 (Exp. Univ.).

PREMIÈRES MÉDAILLES à de nombreux Concours jusqu'à 1911.

GRAND PRIX D'ÉTAT — VIENNE (Autriche) 1904

MÉRITE AGRICOLE — CHEVALIER EN 1891 — OFFICIER EN 1902 — COMMANDEUR EN 1910

LÉGION D'HONNEUR — CHEVALIER EN 1894 — OFFICIER EN 1904

MÉDAILLE DUMAS 1912

www.ingramcontent.com/pod-product-compliance
Ingram Content Group UK Ltd.
Pitfield, Milton Keynes, MK11 3LW, UK
UKHW020125080726
13614UKWH00005B/2046